KB077168

SPLIT FRENCH

하루에 쪼갠다
프랑스어
(알파벳과 발음법)

하루에 쪼갠다 프랑스어 (알파벳과 발음법)

저자 _ 조혜란

발행 _ 2020.07.28

펴낸이 _ 한건희

펴낸곳 _ 주식회사 부크크

출판등록 _ 2014.07.15.(제2014-16호)

주소 _ 서울 금천구 가산디지털1로 119, SK트윈타워 A동 305호

전화 _ 1670 - 8316
이메일 _ info@bookk.co.kr

ISBN 979-11-372-1346-3
www.bookk.co.kr

저작권자 ⓒ 2020 조혜란
이 책의 저작권은 저자에게 있습니다. 저자와 출판사의 사전 허락 없이
내용의 전체 또는 일부를 인용하거나 발췌하는 것을 금합니다.

COPYRIGHT ⓒ 2020 by Cho, Hyeran
All rights reserved including the rights of reproduction
in whole or in part in any form. Printed in KOREA.

값은 표지에 있습니다.

「이 도서의 국립중앙도서관 출판시도서목록(CIP)은 서지정보유통지원시스템 홈페이지
(http://seoji.nl.go.kr)와 국가자료공동목록시스템(http://www.nl.go.kr/kolisnet)에서
이용하실 수 있습니다. (CIP제어번호: CIP2020031438)」

말하기 연습용 **MP3** 파일은
https://bit.ly/3g4OpM3
에서 무료로 다운로드 할 수 있습니다.

intro

하루에 쪼갠다 XXX
시리즈에 대하여 :

'하루에 쪼갠다 XXX' 시리즈는 포스트 코로나,
언택트 뉴노멀 시대의 우리 모두를 위해 기획하였습니다.

'하루에 쪼갠다 XXX' 시리즈는
부담 없이 막간을 활용하여 핵심 지식을 챙기는
모든 분야를 망라한
자가발전 교양/학습 시리즈입니다.

'하루에 쪼갠다 XXX' 시리즈는
콤팩트한 포맷, 편하게 접근 가능한 가성비 높은
전국민 문고 시리즈입니다.

'하루에 쪼갠다 XXX' 시리즈는
누구나 작가가 되어 자신의 콘텐츠를 나눌 수 있는
미니멀 콘텐츠 플랫폼을 추구합니다.

'하루에 쪼갠다 XXX' 시리즈와 함께
즐거운 취미/교양/문화 생활을 열어 나가길 기대합니다.

-'하루에 쪼갠다 XXX' 시리즈 저자 그룹 일동-

프랑스어 알파벳과 발음법
학습에 대하여 :

'하루에 쪼갠다 프랑스어 (알파벳과 발음법)'은
부담 없이 가장 빠른 시간 안에
프랑스어의 알파벳과 발음법을 해결하는 '해결책'입니다.

학습은 프랑스어 알파벳의 이름과 소리로 시작합니다.
프랑스어와 영어는 사촌지간으로 서로 매우 닮았습니다.
결코 낯설지 않습니다.

다음으로 프랑스어의 모음과 자음 각각의 특징을 확인합니다.
영어와 같은 것을 제외하고 특이한 모음과 자음을 중심으로
친해지면 됩니다.

이어서 프랑스어 말하기의 핵심인 '연음'을 이해합니다.

마무리는 지금까지 배운 내용을
'숫자 읽기'와 '결정적 1단어 표현 20'으로 연습합니다.

이렇게만 하면 우리는 순식간에
프랑스어를 쭉쭉 읽어낼 수 있게 됩니다.
프랑스어 (알파벳과 발음법)이 하루 만에 쪼개지는
감격적인 순간을 즐겨보십시오!

contents

We can split it in 1 sitting.

SPLIT IT IN 1 DAY

We **learn** something **new** every day. SPLIT | Split it in **1 day!**

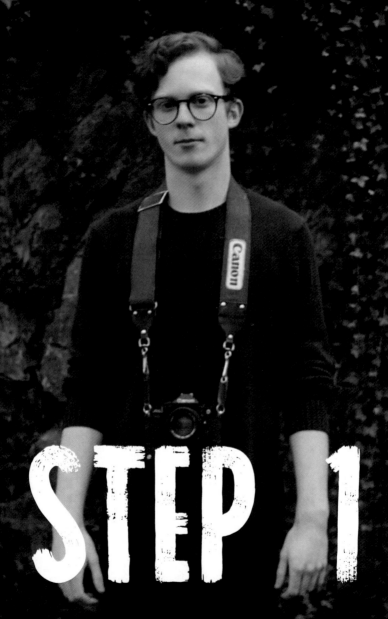

We can split it in 1 sitting.

STEP 1

We **learn** something **new** every day.

S**T**LIT Split it in **1** day!

SPLIT
it in 1 day

Step 1.
프랑스어 **알파벳**과 **모음** :

프랑스어와 만나는 인생 첫 시간!
과연 프랑스어는
우리와 얼마나 가까이 있는지 살피고,
프랑스어의 알파벳을 만납니다.
알파벳과 함께
우리들의 프랑스어가 본격 시작됩니다!

Step 1
프랑스어 **알파벳**과 **모음**

Step 1. 프랑스어의 알파벳과 모음
❶ 우리의 일상 속 프랑스어!

● 우리의 일상에 자리하고 있는 프랑스어는 어떤 것들이 있는지 일단 먼저 만나보겠습니다.

f01-01	**Tous les jours** [뚜레쥬흐] 뚜레쥬르	f01-02	**chanson** [샹송] 샹송
f01-03	**café au lait** [카페오레] 카페오레	f01-04	**prêt-à-porter** [프헤타포흐테] 프레타포르테
f01-05	**Louis Vuitton** [루이뷔통] 루이뷔통	f01-06	**Le coq** [르꼬끄] 르꼬끄

정말이지 하루에도 몇 번씩 만나는 표현들입니다.
프랑스어인지 모르고 쓰는 단어 또한 상당히 많습니다.
그리고 중요한 것은 점점 더 많은 프랑스어가
우리의 일상으로 들어오고 있다는 사실입니다.

We learn something new every day.

하루에 쪼갠다
프랑스어
알파벳과 발음법

SPLIT FRENCH

STEP 1

Step 1. 프랑스어의 알파벳과 모음
 ❷ 프랑스어의 알파벳

● 프랑스어를 시작하려면 우선 알파벳과 친해져야 합니다.
알파벳을 읽을 줄 알면 프랑스어를 읽을 수 있습니다.
그래서 알파벳의 발음 방법이 중요합니다.

프랑스어 알파벳은 영어와 똑같습니다.
이름만 다르게 읽는다고 보면 됩니다.
영어 '알파벳송'의 멜로디에 맞춰
딱 두 번만 불러보면 그대로 입에 붙게 됩니다.
프랑스어 알파벳과 가장 빨리 친해지는 방법입니다.

영어와 프랑스어는 서로 비슷한 단어가 꽤 많습니다.
한걸음 더 나아가서 문법이나 어법 또한 유사한 부분이 많습니다.

자! 그러면 프랑스어 알파벳으로 발음법,
본격적으로 시작합니다!
[괄호] 안은 우리말 음가입니다.

참고 : [괄호] 안의 프랑스어의 발음은 편의상 우리말 발음에
가장 가깝게 표시한 것입니다. 정확한 발음의 말하기 연습은
MP3의 원어민 음성으로 확인하여 주십시오.

Step 1
프랑스어의 **알파벳**과 **모음**

● 전체적으로 한 번 듣고, 영어와는 어떻게 다른지 확인해 봅시다!

Aa
아[ㅏ]

알파벳 대문자 / 소문자
알파벳 이름 [우리말 음가]

A a 아[ㅏ] f00-01	**B b** 베[ㅂ] f00-02	**C c** 쎄[ㅆ/ㄲ] f00-03
D d 데[ㄷ] f00-04	**E e** 으[一] f00-05	**F f** 에프[ㅍ] f00-06
G g 제[ㅈ/ㄱ] f00-07	**H h** 아쉬[묵음] f00-08	**I i** 이[ㅣ] f00-09
J j 지[ㅈ] f00-10	**K k** 까[ㄲ] f00-11	**L l** 엘[ㄹ] f00-12

● We learn something new every day.

하루에 쪼갠다
프랑스어
알파벳과 **발음법**

SLIT
FRENCH

STEP
1

M m
엠 [ㅁ]
f00-13

N n
엔 [ㄴ]
f00-14

O o
오 [ㅇ]
f00-15

P p
뻬 [ㅃ]
f00-16

Q q
뀌 [ㄲ]
f00-17

R r
에흐 [ㅎ]
f00-18

S s
에스 [ㅆ/ㅈ]
f00-19

T t
떼 [ㄸ]
f00-20

U u
위 [ㅟ]
f00-21

V v
베 [ㅂ]
f00-22

W w
두블르베 [ㅂ]
f00-23

X x
익스 [ㅆ/ㄱㅆ ...]
f00-24

Y y
이그헥 [ㅣ]
f00-25

Z z
제드 [ㅈ]
f00-26

Step 1
프랑스어의 **알파벳**과 **모음**

 Step 1. 프랑스어의 알파벳과 모음
❸ 프랑스어의 '매력 점'!

● 프랑스어와 영어는 외관상으로 한눈에 차이가 납니다.
이유는 프랑스어의 독특한 '철자부호'들 때문에 그렇습니다.

[´] (**accent aigu**) [악상 떼귀], [`] (**accent grave**) [악상 그하브],
[^] (**accent circonflexe**) [악상 시흐꽁플렉스], [¨] (**tréma**) [트헤마],
[ç] (**cédille**) [쎄디으]는 영어에는 없는 철자부호입니다.

악상(**accent**)이라고 해서 특별히 강하게 읽을 필요는 없습니다.
이들은 말 그대로 철자부호입니다. 같은 단어라도 부호가 붙은 철자와
붙지 않은 철자가 전혀 다른 의미가 될 수 있습니다.
때문에 단어를 학습할 때 '철자부호'를 신경써야 합니다.

| f01-07 | **bébé** [베베] 아기 | f01-08 | **mère** [메흐] 어머니 |
| f01-09 | **tête** [떼뜨] 머리 | f01-10 | **noël** [노엘] 크리스마스 |

● We learn something new every day.

하루에쪼갠다
프랑스어
알파벳과 **발음법**

s**┃**LIT
FRENCH

STEP

1

 Step 1. 프랑스어의 알파벳과 모음
❹ 프랑스어의 모음!

● 프랑스어 모음의 기본은
A (아), **E** (에), **I** (이), **O** (오), **U** (위), **Y** (이)입니다.
'음가'는 글자 그대로 [ㅏ], [ㅔ], [ㅣ], [ㅗ], [ㅟ], [ㅣ]입니다.
[우]는 **ou**가 합쳐서 나는 소리입니다.
설령 모음에 '철자부호'가 붙어도 음가는 항상 동일합니다.

❶　　**a, à, â** : [아]

a에 붙은 철자부호와 상관없이 발음은 모두 [아]입니다.
(영어처럼 [아이], [에이], [어이] 뭐 이런 거 없습니다.)

f01-11 ⊙	**lac** [라끄] 호수	f01-12 ⊙	**âge** [아쥬] 나이/연령

❷　　**e, é, è, ê, ei, ai** : [에]

e에 붙은 철자부호와 상관없이 발음은 모두 [에]입니다.
복모음 **ei**와 **ai**도 합쳐서 [에]로 소리납니다.
그리고 매우 중요한 포인트! **e**가 단어의 마지막에 오면 발음되지 않습니다!

Step 1
프랑스어의 **알파벳**과 **모음**

| f01-13 | **nez**
[네] 코 | f01-14 | **été**
[에떼] 여름 |

nez [네] 코

été [에떼] 여름

seize [쎄즈] 16

aimer [에메] 사랑하다

❸ **i, î, y** : [이]

i와 '삿갓을 쓴 아이' î, 그리고 y는 모두 [이] 발음입니다.

île [일르] 섬

style [스띨르] 스타일

❹ **o, ô, au, eau** : [오]

o와 ô 그리고 복모음 au, eau 모두 [오] 발음입니다.

pot [뽀] 항아리

rôle [홀르] 역할

● We learn something new every day.

하루에 쪼갠다
프랑스어
알파벳과 **발음법**

S LIT
FRENCH

STEP
1

f01-21	**cochon**
◎	[꼬숑] 돼지

f01-22	**manteau**
◎	[망또] 외투

❺　　**u, û** : [위]

편의상 [위]로 표기하지만 발음을 정확하게 하려면,
입 모양은 '우'를 만들고 소리는 [이]로 하면 됩니다.
끝까지 입술 모양을 유지하면 정확한 소리를 낼 수 있습니다.

f01-23	**université**
◎	[위니베흐씨떼] 대학교

f01-24	**flûte**
◎	[플뤼뜨] 플루트

❻　　**ou, où, oû** : [우]

프랑스어에서는 **ou**가 [우]입니다.

f01-25	**four**
◎	[푸흐] 오븐

f01-26	**où**
◎	[우] 어디에/어디로

Step 1
프랑스어의 **알파벳**과 **모음**

Step 1. 프랑스어의 알파벳과 모음
❺ 프랑스어의 이중모음!

● '이중모음'이란 두 개 이상의 모음이 모여 하나의 소리로 나는 것입니다.
이중모음은 프랑스어의 어감을 더욱 매력적으로 만듭니다.
(참고로 모음 **o**와 **e**가 연결되어 나오면 붙여서 **œ**로 표기합니다.)

❶　**eu, œu** : [외]

[외]는 입술을 '오'로 만들고, 소리는 [에]로 하면 됩니다.
입 모양을 끝까지 '오'로 유지하는 것이 포인트입니다.

| f01-27 | **neuf**
[뇌프] 9 | f01-28 | **œuf**
[외프] 달걀 |

❷　**oi, oî** : [와]

| f01-29 | **oiseau**
[와조] 새 | f01-30 | **boîte**
[브왓뜨] 상자 |

[오]와 [이]가 합쳐져서 [와]처럼 발음합니다.

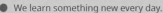
● We learn something new every day.

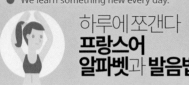
하루에쪼갠다
프랑스어
알파벳과 **발음법**

SPLIT FRENCH
STEP 1

❸　**ay, ey** [에이], **oy** [와이], **uy** [위이]

모음 다음에 있는 **y**는 **i**가 두 개인 것처럼 발음합니다.예를 들어
ey는 **ei+i** [에이], **oy**는 **oi+i** [와이], **uy**는 **ui+i** [위이]라고 하는 식입니다.

f01-31	**crayon** [크헤이옹] 연필

f01-32	**voyage** [브와이야주] 여행

　Step 1. 프랑스어의 알파벳과 모음
❻ 프랑스어의 비모음!

● 프랑스어 발음의 백미는 '비모음', 즉 콧소리입니다.
'모음 + **m**', 또는 '모음 + **n**'이 비모음입니다.
발음기호 상으로는 [~]처럼 철자 위에 물결무늬가 붙어 있습니다.

❶　**an, am, en, em** : [엉/앙]

f01-33	**lampe** [량프] 램프

f01-34	**encore** [앙꼬흐] 아직도/여전히

발음기호 상으로는 모두 [앙]이지만, [엉]으로 발음하는 트랜드입니다.

Step 1
프랑스어의 **알파벳**과 **모음**

❷ **in, im, ym, ain, ein, en** : [엥] 또는 [앵]

| f01-35 | **impossible** [엥뽀씨블르] 불가능한 | f01-36 | **symphonie** [쌩포니] 교향곡 |

사실 [엥]과 [앵]의 구별은 무의미하며, [앙]으로 발음하는 트랜드입니다.

❸ **on, om** : [옹]

| f01-37 | **bon** [봉] 좋은 | f01-38 | **ombre** [옹브흐] 그림자 |

모음 **o** 뒤에 **n, m**이 오면 [옹]으로 발음하면 됩니다.

❹ **un, um** : [윙]

| f01-39 | **brun** [브횡] 갈색의 | f01-40 | **parfum** [빠흐횡] 향수 |

입술을 '오'로 만들고, 소리는 [에]를 낸 상태에서 콧소리를 냅니다.
지금까지 학습한 내용이 '프랑스어 모음 발음규칙'의 거의 전부입니다.
프랑스어는 예외가 적어서 우리에겐 '배우기 정직한 외국어'입니다.

● We learn something new every day.

하루에 쪼갠다
프랑스어
알파벳과 **발음법**

S LIT
FRENCH

STEP
1

 Step 1. 프랑스어의 알파벳과 모음
❼ **Step 1**의 핵심단어 발음연습 코너!

● **Step 1**의 '핵심단어'를 연습합니다.

f01-01	**Tous les jours** [뚜레쥬흐] 뚜레쥬르	f01-02	**chanson** [샹송] 샹송
f01-03	**café au lait** [카페오레] 카페오레	f01-04	**prêt-à-porter** [프헤타포흐테] 프레타포르테
f01-05	**Louis Vuitton** [루이뷔통] 루이뷔통	f01-06	**Le coq** [르꼬끄] 르꼬끄
f01-07	**bébé** [베베] 아기	f01-08	**mère** [메흐] 어머니
f01-09	**tête** [떼뜨] 머리	f01-10	**noël** [노엘] 크리스마스

Step 1
프랑스어의 **알파벳**과 **모음**

● **Step 1**의 '핵심단어'를 연습합니다.

f01-11 **lac** ● [라끄] 호수	**f01-12** **âge** ● [아쥬] 나이/연령
f01-13 **nez** ● [네] 코	**f01-14** **été** ● [에떼] 여름
f01-15 **seize** ● [쎄즈] 16	**f01-16** **aimer** ● [에메] 사랑하다
f01-17 **île** ● [일르] 섬	**f01-18** **style** ● [스띨르] 스타일
f01-19 **pot** ● [뽀] 항아리	**f01-20** **rôle** ● [홀르] 역할

● We learn something new every day.

하루에 쪼갠다
프랑스어
알파벳과 **발음법**

S LIT
FRENCH

STEP
1

● **Step 1**의 '핵심단어'를 연습합니다.

f01-21 **cochon** [꼬숑] 돼지	f01-22 **manteau** [망또] 외투
f01-23 **université** [위니베흐씨떼] 대학교	f01-24 **flûte** [플뤼뜨] 플루트
f01-25 **four** [푸흐] 오븐	f01-26 **où** [우] 어디에/어디로
f01-27 **neuf** [뇌프] 9	f01-28 **œuf** [외프] 달걀
f01-29 **oiseau** [와조] 새	f01-30 **boîte** [브왓뜨] 상자

Step 1
프랑스어의 **알파벳**과 **모음**

● **Step 1**의 '핵심단어'를 연습합니다.

f01-31	**crayon** [크헤이옹] 연필	f01-32	**voyage** [브와이야주] 여행
f01-33	**lampe** [랑프] 램프	f01-34	**encore** [앙꼬흐] 아직도/여전히
f01-35	**impossible** [엥뽀씨블르] 불가능한	f01-36	**symphonie** [쌩포니] 교향곡
f01-37	**bon** [봉] 좋은	f01-38	**ombre** [옹브흐] 그림자
f01-39	**brun** [브횡] 갈색의	f01-40	**parfum** [빠흐횡] 향수

We learn something new every day.

SPLIT FRENCH

Encore!

 Split it in 1 day!   SPLIT   We learn something new every day.   27

We can split it in 1 sitting.

SPLIT IT IN 1 DAY

We **learn** something **new** every day. S**F**LIT Split it in **1 day!**

SᴩLIT
FRENCH

We can split it in 1 sitting.

STEP 2

We learn something new every day. SPLIT Split it in **1 day!**

SᴛLIT
it in 1 day

Step 2.
프랑스어의 **자음**과 **발음규칙** :

고맙게도 프랑스어 자음의 절반은
영어와 똑같습니다.
프랑스어 특유의 몇몇 자음만 이해하면
멋진 프랑스어 발음이 만들어집니다.

Step 2
프랑스어의 **자음**과 **발음규칙**

Step 2. 프랑스어의 자음과 발음규칙
❶ 프랑스어의 자음!

● 프랑스어 자음의 상당수가 영어의 발음과 완전히 똑같습니다.
b [ㅂ], **d** [ㄷ], **f** [ㅍ], **j** [ㅈ], **l** [ㄹ], **m** [ㅁ], **n** [ㄴ], **v** [ㅂ], **z** [ㅈ] 등.
우리는 이미 프랑스어 자음을 9개, 무려 절반을 이미 알고 있는 셈입니다.

덕분에 공통되는 것 이외의 몇 가지만 더 정리하면
프랑스어 자음도 간단히 해결할 수 있습니다.
지금부터 조금 더 주의를 요하는 자음부터 차례로 만나 보겠습니다.

❶ 마지막 자음은 잊어라!

프랑스어는 원칙적으로 마지막 자음을 발음하지 않습니다.
프랑스 최대의 자동차 회사 르노 **Renault**의 철자를 보면
마지막 두 자음의 발음이 사라진 것을 알 수 있습니다.
(단 **c, f, l, r, q, x**는 발음되는 경우도 많습니다.)

f02-01	**stylo** [스띨로] 만년필	f02-02	**lit** [리] 침대
f02-03	**avec** [아베크] ~와 함께	f02-04	**cinq** [쌩끄] 5

● We learn something new every day.

하루에 쪼갠다
프랑스어
알파벳과 **발음법**

SPLIT
FRENCH

STEP
2

❷ 영어보다 더 세게 발음하기!

프랑스어 자음에서 **p** (뻬), **t** (떼), **k** (까)는 각각 [ㅃ], [ㄸ], [ㄲ]로
'된소리'가 됩니다. **pp**, **tt** 등의 이중자음도 마찬가지입니다.
k로 시작하는 단어는 주로 외래어입니다.
그리고 **q** (뀌)는 **u**와 붙어서 [ㄲ]로 발음합니다.

| f02-05 ◉ | **pont** [뽕] 다리 |
| f02-06 ◉ | **tout** [뚜] 모든 |

| f02-07 ◉ | **kilo** [낄로] 킬로그램 |
| f02-08 ◉ | **question** [께스띠옹] 질문 |

❸ 프랑스어의 대표 발음 r

초보자에게 가장 어려운 발음이 자음 **r** (에흐)이며 [ㅎ] 소리입니다.
마치 가글할 때처럼 목젖을 '흐흐흑~' 긁는 소리입니다.
유의할 점은 혀를 아래로 숙이고 움직이지 않아야 합니다.
영어처럼 굴리면 안 됩니다.
r [ㅎ] 소리는 프랑스 북부 지방으로 갈수록 더 격하고,
남부로 내려올수록 부드럽습니다.

Step 2
프랑스어의 **자음**과 **발음규칙**

f02-09 ⊙	**Paris** [빠히] 파리
f02-10 ⊙	**restaurant** [헤스또항] 식당

❹　　두 얼굴의 **c**, **ç** / **g**

c(쎄)는 2가지의 소리를 가지고 있습니다.
자음과 **a, o, u** 앞에서는 [ㄲ] 소리가 되어 각각 [까/꼬/뀌]가 되고,
e, i, y 앞에서는 [ㅆ], 즉 [쎄/씨/씨]가 됩니다.

f02-11 ⊙	**classe** [끌라스] 학급
f02-12 ⊙	**concorde** [꽁꼬흐드] 화합
f02-13 ⊙	**carte** [꺄흐뜨] 카드
f02-14 ⊙	**ciel** [씨엘] 하늘

일명 '돼지꼬리 **c**'인 ç (쎄디으)는 **a, o, u** 앞에서 [ㅆ]가 됩니다. [싸/쏘/쒸]

f02-15 ⊙	**français** [프항쎄] 프랑스의
f02-16 ⊙	**ça** [싸] 이것/저것/그것

● We learn something new every day.

하루에 쪼갠다
프랑스어
알파벳과 **발음법**

SPLIT
FRENCH

STEP
2

| f02-17 | **leçon**
[르쏭] 수업 | f02-18 | **reçu**
[흐쒸] 영수증 |

g (제)도 2가지로 소리납니다.
자음과 **a, o, u** 앞에서는 [ㄱ]로 각각 [가/고/귀]가 되고,
e, i, y 앞에서는 [ㅈ]가 되어 [제/지/지]입니다.

| f02-19 | **glace**
[글라스] 얼음 | f02-20 | **garçon**
[갸흐쏭] 소년 |
| f02-21 | **genre**
[장흐] 장르 | f02-22 | **logique**
[로지끄] 논리학 |

❺　　무성 **h**와 유성 **h**

프랑스어의 **h** (아쉬)는 '무성 **h**'와 '유성 **h**'로 구별합니다.
둘 다 발음을 하지는 않지만 옛날에 자음처럼 소리 냈던 유성 **h**는
자음 취급을 하고,
무성 **h**로 시작하는 단어는 마치 모음으로 시작하는 단어처럼 취급합니다.
이는 '연음'과 '모음생략' 현상에 중요한 영향을 끼칩니다.
(다음과에서 보충설명!)

We can split it in 1 sitting.

Step 2
프랑스어의 **자음**과 **발음규칙**

무성 **h**로 시작하는 단어가 압도적으로 많습니다.
유성 **h**를 구별하는 방법은 사전을 참고합니다.
사전에 † 십자가 표시가 붙어있는 것이 유성 **h**입니다.

| f02-23 | **homme** [옴므] 사람/남자 |
| f02-24 | **hôtel** [오텔] 호텔 |

| f02-25 | **hache** [아쉬] 도끼 († 유성) |
| f02-26 | **honte** [옹뜨] 치욕 († 유성) |

다음은 **h**의 친구들입니다.
먼저 **ch**는 뒤에 모음이 오면 [ㅅ], 자음이 오면 [ㅋ]입니다.
ph는 영어와 똑같은 [ㅍ]이고, **th**는 [ㄸ] 소리입니다.

| f02-27 | **chat** [샤] 고양이 |
| f02-28 | **chronique** [크호니끄] 연대기 |

| f02-29 | **photo** [포또] 사진 |
| f02-30 | **thé** [떼] 차 |

● We learn something new every day.

하루에 쪼갠다
프랑스어
알파벳과 **발음법**

S┃LIT
FRENCH

STEP
2

❻ **n 발음과 살짝 다른 gn**

gn은 [ㄴ]입니다.
n과의 차이는 gn은 [ㄴ]을 약간 끌면서 발음한다는 것입니다.

f02-31	**champagne** [샹빠니으] 샴페인

f02-32	**magnifique** [마니피끄] 훌륭한

❼ **s는 두 가지로!**

s (에스)는 [ㅆ] 소리입니다. s가 둘일 때도 마찬가지입니다.
단! s가 모음 사이에 낄 때는 [ㅈ]로 소리 납니다.

f02-33	**sac** [싹] 배낭/핸드백

f02-34	**poisson** [뿌아쏭] 물고기

f02-35	**musique** [뮈지끄] 음악

f02-36	**poison** [뿌아종] 독극물

x

Step 2
프랑스어의 **자음**과 **발음규칙**

❽ 네 가지로 발음되는 **x**

x (익스)는 네 가지로 발음됩니다.
먼저 단어 중간과 접두사 **ex-** 뒤에 자음이 오면 [ㄱㅆ]로 발음합니다.
그러나 **ex-** 뒤에 모음이 오면 [ㄱㅈ]으로 발음합니다.

f02-37 ◉	**taxi** [딱씨] 택시	f02-38 ◉	**excuser** [엑쓰뀌제] 변명하다
f02-39 ◉	**examen** [에그자맹] 시험	f02-40 ◉	**exemple** [에그장쁠르] 예

그리고 6, 10, 60대 숫자의 **x**는 [ㅆ]로,
이 숫자들의 서수는 [ㅈ]로 소리 납니다.

f02-41 ◉	**six** [씨쓰] 6	f02-42 ◉	**dix** [디쓰] 10
f02-43 ◉	**sixième** [씨지엠므] 6번째	f02-44 ◉	**dixième** [디지엠므] 10번째

● We learn something new every day.

하루에 쪼갠다
프랑스어
알파벳과 **발음법**

SPLIT FRENCH

STEP
2

❾ **w**는 영어의 **v**다!

w (두블르베)는 [ㅂ] 소리입니다. 영어의 v라고 생각하면 됩니다.

f02-45	**wagon**
◉	[바공] 객차/차량

❿ 단어가 **-ille**로 끝날 때!

-ille는 [이으]로 발음합니다.

f02-46	**famille**
◉	[파미의] 가족

f02-47	**fille**
◉	[피의] 딸/소녀

Step 2
프랑스어의 **자음**과 **발음규칙**

Step 2. 프랑스어의 자음과 발음규칙
❷ Step 2의 핵심단어 발음연습 코너!

● **Step 2**의 핵심단어를 연습합니다.

f02-01 **stylo** [스띨로] 만년필	**f02-02** **lit** [리] 침대
f02-03 **avec** [아베크] ~와 함께	**f02-04** **cinq** [쌩끄] 5
f02-05 **pont** [뽕] 다리	**f02-06** **tout** [뚜] 모든
f02-07 **kilo** [낄로] 킬로그램	**f02-08** **question** [께스띠옹] 질문
f02-09 **Paris** [빠히] 파리	**f02-10** **restaurant** [헤스또항] 식당

We learn something new every day.

하루에 쪼갠다
프랑스어
알파벳과 **발음법**

S**┃**LIT
FRENCH

STEP
2

● **Step 2**의 핵심단어를 연습합니다.

f02-11 **classe** [끌라스] 학급	f02-12 **concorde** [꽁꼬흐드] 화합
f02-13 **carte** [꺄흐뜨] 카드	f02-14 **ciel** [씨엘] 하늘
f02-15 **français** [프항쎄] 프랑스의	f02-16 **ça** [싸] 이것/저것/그것
f02-17 **leçon** [르쏭] 수업	f02-18 **reçu** [흐쒸] 영수증
f02-19 **glace** [글라스] 얼음	f02-20 **garçon** [갸흐쏭] 소년

● We can split it in 1 sitting.

Step 2
프랑스어의 **자음**과 **발음규칙**

● Step 2의 핵심단어를 연습합니다.

f02-21	**genre** [쟝흐] 장르	f02-22	**logique** [로지끄] 논리학
f02-23	**homme** [옴므] 사람/남자	f02-24	**hôtel** [오텔] 호텔
f02-25	**hache** [아쉬] 도끼 (†유성)	f02-26	**honte** [옹뜨] 치욕 (†유성)
f02-27	**chat** [샤] 고양이	f02-28	**chronique** [크호니끄] 연대기
f02-29	**photo** [포또] 사진	f02-30	**thé** [떼] 차

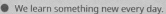

We learn something new every day.

하루에 쪼갠다
프랑스어
알파벳과 **발음법**

SPLIT FRENCH
STEP 2

● **Step 2**의 핵심단어를 연습합니다.

f02-31 **champagne** [샹빠니으] 샴페인	**f02-32** **magnifique** [마니피끄] 훌륭한
f02-33 **sac** [싹] 배낭/핸드백	**f02-34** **poisson** [뿌아쏭] 물고기
f02-35 **musique** [뮈지끄] 음악	**f02-36** **poison** [뿌아종] 독극물
f02-37 **taxi** [딱씨] 택시	**f02-38** **excuser** [엑쓰뀌제] 변명하다
f02-39 **examen** [에그자맹] 시험	**f02-40** **exemple** [에그장쁠르] 예

Step 2
프랑스어의 **자음**과 **발음규칙**

● **Step 2**의 핵심단어를 연습합니다.

f02-41	**six** [씨쓰] 6	f02-42	**dix** [디쓰] 10
f02-43	**sixième** [씨지엠므] 6번째	f02-44	**dixième** [디지엠므] 10번째
f02-45	**wagon** [바공] 객차/차량	f02-46	**famille** [파미으] 가족
f02-47	**fille** [피으] 딸/소녀		

We learn something new every day.

SP LIT
FRENCH

Fille

Split it in **1 day!**   SP LIT   We **learn** something **new** every day.   45

SPLIT IT IN 1 DAY

We can split it in 1 sitting.

STEP 3

We **learn** something new every day. **SPLIT** Split it in **1 day!**

SPLIT it in 1 day

Step 3.
프랑스어의 **연음법칙** :

프랑스어가 매력적인 이유는
아름다운 발음 때문입니다.
특히 부드럽게 이어지는
단어와 단어 사이의 리듬감이
프랑스어의 핵심입니다.
이러한 프랑스어 매력의 비결은
바로 '연음법칙'입니다.

 Split it in **1 day!**

SPLIT

We **learn** something new every day.

49

Step 3
프랑스어의 **연음법칙**

 Step 3. 프랑스어의 연음법칙
❶ 프랑스어의 연음!

● 프랑스어를 우아하게 만든다는 '연음' (liaison [리에종])은 사실 발음을 편하게 하기 위해 생긴 것입니다.
'연음'은 이어 말하는 언어 습관에서 유래되었습니다.

프랑스어의 연음은 발음되지 않던 자음이
다음에 오는 모음이나 무성의 **h**를 만나면서 발생합니다.
연음을 하면 앞 단어와 발음이 자연스럽게 연결되면서
실제로 **s, x**는 [ㅈ], **d**는 [ㄸ], **g**는 [ㄲ], **f**는 [ㅂ]로 발음이 변합니다.

f03-01	**les amis** [레 자미] 친구들
f03-02	**grand arbre** [그항 따흐브흐] 큰 나무
f03-03	**long hiver** [롱 기베흐] 긴 겨울
f03-04	**neuf heures** [뇌 베흐] 9시

● We learn something new every day.

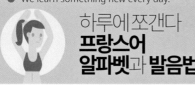

하루에쪼갠다
프랑스어
알파벳과 **발음법**

s┌LIT FRENCH

STEP 3

 Step 3. 프랑스어의 연음법칙
❷ 연음의 예외!

● 프랑스어에서 연음하지 않는 2가지 경우가 있습니다.

❶ 접속사 **et** [에] (그리고)와 **oui** [위] (네/응)은 연음하지 않습니다.

un homme et une femme
[외 놈므 에 윈느 팜므] 한 남자와 한 여자

Mais oui.
[메 위.] 그렇고말고요.

❷ 유성 **h**도 연음하지 않고 따로 읽습니다.

les héros
[레 에호] 영웅들

le hasard
[르 아자흐] 우연

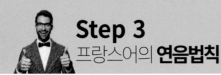
Step 3
프랑스어의 **연음법칙**

 Step 3. 프랑스어의 연음법칙
❸ 모음의 생략!

● 프랑스어는 모음이 겹치는 것을 매우 싫어합니다.
그래서 앞 단어가 모음으로 끝나고 다음 낱말 역시 모음 또는 무성 **h**일 때는
모음 **a, e, i**가 생략되며 이를 '모음생략' (**élision** [엘리지옹])이라고 합니다.
생략된 자리엔 축약표시 **' apostrope** [아뽀스트호쁘]를 첨가합니다.

le ami   **l'ami**
                         [라미] 남자친구

la école   **l'école**
                         [레꼴] 학교

● We learn something new every day.

하루에 쪼갠다
프랑스어
알파벳과 **발음법**

S LIT FRENCH
STEP 3

Step 3. 프랑스어의 연음법칙
❹ **Step 3**의 핵심단어 발음연습 코너!

● **Step 1**의 핵심단어를 연습합니다.

f03-01	**les amis** [레 자미] 친구들

f03-02	**grand arbre** [그항 따흐브흐] 큰 나무

f03-03	**long hiver** [롱 기베흐] 긴 겨울

f03-04	**neuf heures** [뇌 베흐] 9시

We can split it in 1 sitting.

SPLIT IT IN 1 DAY

We **learn** something **new** every day.

S**P**LIT

Split it in **1 day!**

We learn something new every day.

- We can split it in 1 sitting.

APPENDIX

sꞭLIT
it in 1 day

부록 :
프랑스어의 **알파벳**과 **발음법** 복습 :

프랑스어 알파벳과 발음법의 학습을 마무리합니다.
일상에서 가장 중요한 숫자읽기와
결정적인 한 마디 표현 20가지로 연습해보겠습니다.

Appendix
프랑스어의 **알파벳**과 **발음법** 복습

 부록 : 프랑스어의 알파벳과 발음법 복습!
❶ 프랑스어 숫자로 다시 한 번 확인!

● 지금까지 배운 프랑스어 알파벳과 발음법을 상기하며
1에서 10까지 연습해 보겠습니다.

FA-2-01 **un** [욍] 1	**FA-2-02** **deux** [되] 2
FA-2-03 **trois** [트흐와] 3	**FA-2-04** **quatre** [꺄트흐] 4
FA-2-05 **cinq** [쌩끄] 5	**FA-2-06** **six** [씨쓰] 6
FA-2-07 **sept** [쎄뜨] 7	**FA-2-08** **huit** [위뜨] 8
FA-2-09 **neuf** [뇌프] 9	**FA-2-10** **dix** [디쓰] 10

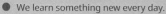
We learn something new every day.

하루에 쪼갠다
프랑스어
알파벳과 **발음법**

S**P**LIT
FRENCH

APPENDIX
A

 부록 : 프랑스어의 알파벳과 발음법 복습!
❷ **프랑스어 결정적 표현 20**

● 단어 하나로 일상의 다양한 상황이 해결됩니다. (괄호 안의 **e**는 여성형)

FA-3-01 **Bonjour.** ⊙ [봉주흐.] 안녕하세요.	**FA-3-02** **Enchanté(e).** ⊙ [엉샹떼.] 반갑습니다.
FA-3-03 **Au revoir.** ⊙ [오흐부아흐.] 안녕히 가세요.	**FA-3-04** **Salut.** ⊙ [쌀뤼.] 안녕/잘 가.
FA-3-05 **Merci.** ⊙ [메흐씨.] 고맙습니다.	**FA-3-06** **Pardon.** ⊙ [빠흐동.] 죄송합니다.
FA-3-07 **Oui.** ⊙ [위.] 네/응.	**FA-3-08** **Non.** ⊙ [농.] 아니오/아니야.
FA-3-09 **D'accord.** ⊙ [다꼬흐.] 알았어요/좋아요.	**FA-3-10** **Entendu.** ⊙ [엉떵뒤.] 알았어요.

Appendix
프랑스어의 **알파벳**과 **발음법** 복습

● 단어 하나로 일상의 다양한 상황이 해결됩니다.

FA-3-11 **Vrai.** [브헤.] 맞아.(정말이야!)	**FA-3-12** **Faux.** [포.] 틀렸어.
FA-3-13 **Voilà.** [부알라.] 그렇지.	**FA-3-14** **Justement.** [쥐스뜨멍.] 그렇지/맞아.
FA-3-15 **Vraiment?** [브헤멍?] 정말?	**FA-3-16** **Sérieux?** [쎄히으?] 진심이야?
FA-3-17 **Sûr?** [쒸흐?] 확실해?	**FA-3-18** **Évidemment.** [에비다멍.] 당연하지/물론이지.
FA-3-19 **Bon.** [봉.] 좋아요.	**FA-3-20** **Bien.** [비엥.] 좋아요.

We learn something new every day.
하루에 쪼갠다
프랑스어
알파벳과 발음법

S LIT
FRENCH

APPENDIX
A

 부록 : 프랑스어의 알파벳과 발음법 복습!
❸ 프랑스어 발음법 마무리, 엑센트!

● 끝으로 프랑스어를 더욱 아름답게 들리게 하는
프랑스어 엑센트의 핵심을 간단하게 정리해 보겠습니다.

프랑스어의 엑센트는 기본적으로
단어의 마지막 음절에 있습니다.
하지만 영어처럼 강조되지는 않고,
다른 음절보다 살짝 강하게 발음되는 정도입니다.

프랑스어는 단어 하나하나의 엑센트보다는
문장을 하나의 단위로 하여
단어 사이를 최대한 유려하게 연결하면서
소리를 내는 언어입니다.

프랑스어가 마치 사랑을 속삭이는 노래처럼
아름답게 들리는 이유가 바로 이 때문입니다.

We can split it in 1 sitting.

'하루에 쪼갠다 프랑스어 (알파벳과 발음법)'
학습자 여러분 수고 많이 하셨습니다.
계속해서 '하루에 쪼갠다 XXX' 시리즈와 함께
즐거운 시간 되셨으면 좋겠습니다.

'하루에 쪼갠다 XXX' 시리즈는
누구나 작가가 되어 자신의 콘텐츠를
세상과 나눌 수 있는
미니멀 콘텐츠 플랫폼을 추구합니다.

We **learn** something **new** every day.   SPLIT   Split it in 1 day!